Historiarte
Entrelaços da imaginação

Livro 4
3 a 4 anos

Dados Internacionais de Catalogação na Publicação (CIP) de acordo com ISBD

M149h	Machado, Jô
	Historiarte - Livro 4 / Jô Machado, Maria Cristina Pereira, Elidete Zanardini Hofius ; ilustrado por Shutterstock. - Jandira, SP : Ciranda Cultural, 2021.
	32 p. : il. ; 24cm x 24cm.
	ISBN: 978-65-5500-231-7
	1. Educação. 2. Educação infantil. 3. Arte. 4. Literatura. 5. Literatura infantil. 6. Pedagogia. I. Pereira, Maria Cristina. II. Hofius, Elidete Zanardini. III. Shutterstock. IV. Título.
2021-835	CDD 372.2
	CDU 372.4

Elaborado por Vagner Rodolfo da Silva - CRB-8/9410

Índice para catálogo sistemático:
1. Educação infantil : Livro didático 372.2
2. Educação infantil : Livro didático 372.4

© 2021 Ciranda Cultural Editora e Distribuidora Ltda.
Texto © Jô Machado, Maia Cristina Pereira, Elidete Zanardini Hofius
Ilustrações: Shutterstock
Diagramação e projeto gráfico: Ana Dóbon
Produção: Ciranda Cultural

1ª Edição em 2021
www.cirandacultural.com.br
Todos os direitos reservados. Nenhuma parte desta publicação pode ser reproduzida, arquivada em sistema de busca ou transmitida por qualquer meio, seja ele eletrônico, fotocópia, gravação ou outros, sem prévia autorização do detentor dos direitos, e não pode circular encadernada ou encapada de maneira distinta daquela em que foi publicada, ou sem que as mesmas condições sejam impostas aos compradores subsequentes.

Historiarte
Entrelaços da imaginação

Livro 4
3 a 4 anos

Ciranda Cultural

Um convite à aventura:
brincar e interagir com as histórias

Obra: *O Casal Dançando*, 1663
Autor: Jan Steen
Fonte: National Gallery of Art, Washington DC

A obra *O Casal Dançando*, de Jan Sten, é um convite à reflexão sobre a importância do contexto educativo para as crianças pequenas. Além do casal que está dançando, acontecem outras ações com os sujeitos da cena. Cada um desenvolve uma ação na cena paralelamente a outras ações. Elas não acontecem fora de um contexto no qual a criança está inserida. Da mesma forma, na instituição educativa, é importante as crianças perceberem que todos os integrantes de uma turma são sujeitos atuantes nas ações realizadas.

Nesse sentido, a literatura infantil é uma estratégia significativa para que as crianças escolham seus papéis sociais, principalmente ao explorar uma determinada história.

Crianças de 3 a 4 anos gostam de vivenciar as histórias lidas, contadas e dramatizadas pelo professor por meio do faz de conta.

Vale observar que as orientações para um trabalho significativo expressas no livro 3 não podem ser esquecidas. Vamos relembrar?

1. Tenha um espaço de literatura na sua sala;
2. Disponibilize uma variedade de livros, nesse espaço. No mínimo, um por criança;
3. Opte pela qualidade dos livros disponibilizados;
4. Leia os livros para as crianças antes de colocá-los nesse espaço;

5. No início do ano, leve para esse espaço os livros que foram explorados pelas crianças nas turmas anteriores;

6. Leia os livros que as outras crianças já conhecem para as crianças que estão pela primeira vez em uma instituição educativa. Assim, os alunos que não são novos poderão ajudar a contar a história;

7. Leia e releia mais de uma vez o mesmo livro. Quando as crianças gostam da história, apreciam a repetição;

8. Crie um espaço aconchegante para as crianças ouvirem e explorarem os livros;

9. Use objetos ou brinquedos para contar a história;

10. Contemple somente livros com imagens;

11. Não transforme o momento da leitura de um livro em um momento para aprender uma lição;

12. Planeje os momentos de leitura, considerando espaços, tempos e materiais. Assim, leve o momento com os livros para outros espaços da instituição educativa, como em uma tenda armada na grama ou com tapetes e almofadas no pátio coberto;

13. Seja um exemplo como leitor ou contador, criando uma conexão com a criança. As crianças nessa faixa etária imitam tudo o que o adulto faz;

14. Envolva-se na leitura e na contação de histórias. O tom de voz e os movimentos corporais são essenciais para encantar as crianças.

Essas estratégias são válidas para todas as faixas etárias, portanto, observe todas as estratégias no trabalho com todos os livros de histórias.

Nessa mesma perspectiva, todas as orientações dos livros 1, 2 e 3 são válidas também para crianças de 3 e 4 anos, considerando que cada criança tem seu ritmo de desenvolvimento. É preciso levar em consideração o histórico de cada uma das crianças, se é a primeira vez que frequentam uma instituição educativa, se vêm de uma família na qual os livros fazem ou não parte do seu dia a dia, entre outros aspectos.

Claro que esses apontamentos não são uma regra, na proporção em que muitas crianças têm no ambiente familiar um espaço permeado de livros, contações e faz de conta. Por isso, conhecer todas as crianças, bem como suas famílias, é um importante diferencial na escolha das estratégias que mais contribuirão para o trabalho com os livros de histórias.

De maneira geral, a partir dos 3 anos de idade, a maioria das crianças é capaz de participar do enredo de uma história, como também ajudar na criação desse enredo. Cabe ao professor possibilitar contextos nos quais as crianças sejam mobilizadas à participação, na perspectiva de que no espaço sobrenatural não existe tempo real. Tudo acontece ao mesmo tempo, de repente. Os personagens existem, mas são encantados, e tudo podem.

O livro *Branca de Neve e os setes anões* possui um enredo que encanta as crianças e possibilita que o professor crie aventuras incríveis com elas. Após a leitura de uma ou mais versões desse clássico, o professor pode propor um desafio iniciando-o com um diálogo: "Crianças, nosso livro *Branca de Neve e os sete anões* desapareceu e precisamos encontrá-lo. Onde será que ele está? Olhem! Há uma carta no lugar do livro! Vamos ler o que está escrito?".

Terra do Faz de Conta, _____.

Queridas crianças da turma _____,

Precisei pegar emprestado o livro *Branca de Neve e os sete anões*, pois quero lê-lo para as crianças que vivem no meu reino. Mas para devolvê-lo, vocês terão que vir buscar no meu castelo. Vocês podem vir, por favor? Para chegar no castelo é só seguir as instruções que estão com o professor de vocês. Se vocês conseguirem chegar no castelo, haverá uma grande surpresa! Espero que vocês encontrem o caminho!

Um grande abraço,
Branca de Neve

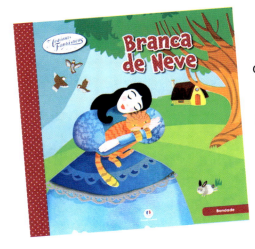

Antes da leitura da carta é indispensável que o professor organize as orientações para chegar ao castelo; elas dependerão do espaço e dos materiais disponíveis para o trabalho.

SUGESTÃO:

1. Crie um ambiente lúdico com elementos de um castelo para as crianças, afastando-as da sala que utilizam diariamente e, se possível, convide outro professor para se caracterizar de Branca de Neve;

2. Faça uma trilha partindo da sala de atividades até o ambiente do castelo, seguindo as orientações deixadas pela Branca de Neve para o professor;

3. Coloque os desafios nessa trilha, como se fosse um jogo de percurso;

4. Ao chegar ao castelo, organize para que a Branca de Neve recepcione as crianças em um ambiente de brincadeira e faz de conta, e que esse espaço se transforme em uma grande surpresa para as crianças. Não se esqueça de promover a devolução do livro emprestado à Branca de Neve.

ORIENTAÇÕES PARA CHEGAR AO CASTELO DA BRANCA DE NEVE

• Vão até a porta, cautelosamente;

• Iniciem pela casa na qual está a fruta que a bruxa ofereceu à Branca de Neve e ela comeu;

• Andem uma casa para cada um dos anões, lembrando o nome deles;

• Segure na mão de um coleguinha, faça o gesto do Soneca e caminhem juntos até a próxima casa;

• Andem três casas, fechem os olhos, contem até cinco e abram os olhos;

• Parabéns, vocês chegaram ao castelo!

Após a brincadeira no espaço do castelo, no dia seguinte, ou alguns dias depois, o professor pode relembrar com as crianças a aventura de visitar o castelo da Branca de Neve e escrever uma carta da turma para ela, na qual as crianças sejam as narradoras, e o professor, o escriba.

Durante as leituras dos livros de histórias, é indispensável que o professor fique atento aos interesses das crianças para poder delinear um projeto de trabalho que seja significativo. Por exemplo, a partir de um grande interesse por determinado assunto ou elemento de uma história, o professor pode criar uma série de estratégias que encantem as crianças.

Na abordagem da história *Chapeuzinho Vermelho*, o professor poderá criar situações de brincadeira para que a criança interaja com a história, utilizando elementos mágicos da imaginação.

A cesta da Chapeuzinho Vermelho pode ser um elemento para despertar a imaginação das crianças e possibilitar que adentrem em um mundo repleto de aventuras. Para tanto, o professor poderá:

• Levar uma cesta semelhante a utilizada pela personagem para o ambiente das crianças;

• Questionar de quem é a cesta e o que tem dentro dela;

• Abrir a cesta com as crianças, encontrar o livro com a história da Chapeuzinho Vermelho e um bilhete no qual está escrito:

Crianças,

Vocês querem saber de quem é esta cesta? Leiam o meu livro e saberão!

Chapeuzinho Vermelho

Assim como a cesta da Chapeuzinho Vermelho, outros elementos podem acessar a curiosidade das crianças por uma determinada história, como o tapete ou a lâmpada do Aladim, a trança da Rapunzel e o feijão do João.

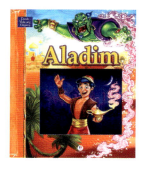

O contato das crianças com personagens lúdicos, como um duende, um lobo ou uma fada também pode potencializar a imaginação. Esses personagens podem ser bonecos de dedo, luva, vara, mesa, etc. ou um dos professores caracterizados.

A história da Cinderela poderá iniciar com a presença de uma fada que conta a história às crianças e, posteriormente, aparece na turma com um desafio em formato de jogo de percurso ou caça ao tesouro que a madrasta roubou do castelo da Cinderela. A fada poderá se utilizar de um pó mágico imaginário ou fabricado pelo professor para enriquecer o faz de conta. De acordo com a autora Irene Machado, as fadas são os seres que fadam, isto é, orientam ou modificam o destino das pessoas. Fada é um termo originado do latim *fatum*, que significa "destino".

Portanto, é importante que a personagem fada, inserida no contexto das crianças, possua elementos mágicos que enriqueçam o imaginário delas e potencializem o faz de conta. Assim, cabe ao professor estar preparado para a ação dramática com as crianças, incorporando diferentes personagens, isto que a contação de histórias é atividade própria de incentivo à imaginação e o trânsito entre o fictício e o real. Ao preparar uma história para ser contada, tomamos a experiência do narrador e de cada personagem como nossa e ampliamos nossa experiência vivencial por meio da narrativa do autor. Os fatos, as cenas e os contextos são do plano do imaginário, mas os sentimentos e as emoções transcendem a ficção e se materializam na vida real.

O modo como o professor aborda as histórias é determinante para a criança se sentir convidada à entrada na aventura. A reação das crianças aos diferentes enredos sinaliza ao professor projetos de trabalho significativos à turma. Por exemplo, o grande interesse pela história da Chapeuzinho Vermelho poderá levar o professor a:

- Ler várias versões da história;
- Traçar o caminho da Chapeuzinho Vermelho até a casa da vovó, com a opção de ir pela estrada ou pela floresta;
- Brincar de fazer de conta que é a Chapeuzinho Vermelho com os comandos:

Agora esse pozinho mágico vai nos transformar em Chapeuzinho Vermelho!

- Será que todos nós seremos Chapeuzinho Vermelho ou alguém quer ser Chapeuzinho Azul, Rosa, Verde, Preto, Cinza, Amarelo, Roxo, Alaranjado, Branco?

- Vamos confeccionar o nosso chapéu?

- Agora que estamos todos de chapéu, por qual caminho iremos?

- Não esqueçam que o lobo mau está na floresta!

- Olhem, encontramos outro pozinho mágico!

- Tem um bilhete que diz para jogarmos o pozinho mágico para o alto, que algumas pessoas irão se transformar em lobo.

- Alguém quer se transformar em lobo?

- Pronto! Joguei! Tem algum lobo aí? Vamos correr dos lobos?

- Parece que esses lobos são bonzinhos! Vamos convidá-los para o nosso piquenique!

- A vovozinha está nos esperando para um delicioso piquenique.

- Os lanchinhos da vovó são mágicos, e após o piquenique, não seremos mais lobos nem Chapeuzinhos.

Diante de um grande interesse pelo lobo mau, o professor poderá elaborar um projeto que trabalhe diferentes histórias nas quais apareça o personagem lobo. Além da história da Chapeuzinho Vermelho, o professor poderá abordar várias versões dos livros *Os três porquinhos* e *Pedro e o lobo*.

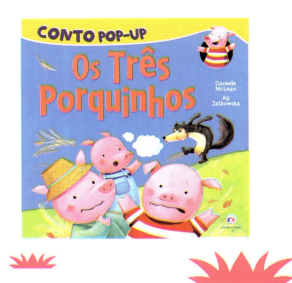

APÓS A ABORDAGEM DAS HISTÓRIAS, O PROFESSOR PODERÁ:

- Pesquisar com as crianças sobre o lobo;

- Disponibilizar livros com informações e ilustrações sobre os lobos e ler com as crianças (podem ser livros paradidáticos, conforme orientação do livro 3);

- Apresentar vídeos e desenhos animados sobre;

- Fazer um boneco desse personagem que converse com as crianças;

- Propiciar que as crianças desenhem um lobo;

- Possibilitar que as crianças elaborem uma história na qual elas falam e desenham e o professor escreve.

É importante que as histórias lidas, contadas ou dramatizadas às crianças sejam um convite à aventura, mas cabe também ao professor dar oportunidades para que as crianças se expressem, criem e recriem as histórias. Além dos contos clássicos, há livros com histórias contemporâneas que convidam as crianças a se aventurar. Esteja atento ao que as crianças mais gostam.

Pode-se fazer a brincadeira de as crianças se transformarem em heróis quando vestem seus pijamas, e levar o professor a fazer uma festa do pijama para abordar as histórias. O professor pode iniciar o projeto com a questão: em qual herói você irá se transformar quando vestir o seu pijama?

Os livros de literatura infantil muito contribuem para a aprendizagem e o desenvolvimento das crianças. Mas pode ser que o professor opte ou a instituição educativa acredite que o uso de livros paradidáticos se faça necessário. Nesse sentido, há livros que podem contribuir para que a criança compreenda sentimentos que fazem parte da nossa vida no cotidiano, como felicidade, nervosismo, decepção, irritação, tristeza, amor, medo, bondade, solidão e inveja.

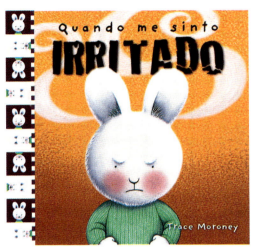
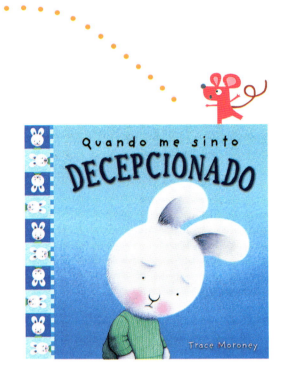

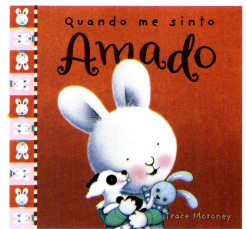

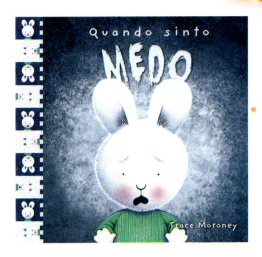
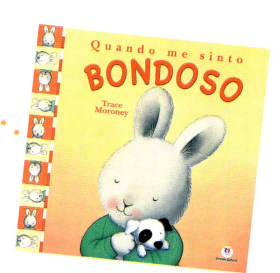

25

Quando a criança adentra nessas histórias e as vivencia com os personagens, pode compreender alguns sentimentos e conseguir expressar melhor aquilo que sente e que a deixa insegura no ambiente familiar ou institucional. É indispensável que o professor se prepare para contar essas histórias da mesma forma que faz com as outras, sem perder de vista o mundo encantado das crianças.

É salutar o professor compreender que as estratégias utilizadas por ele na abordagem dos livros será determinante para que aflore nas crianças o gosto pela leitura, a imaginação e a fantasia que as auxiliarão em processos de aprendizagem, desenvolvimento e, principalmente, para que sejam leitores críticos durante toda a sua vida.

REFERÊNCIAS

MACHADO, Irene A. *Literatura e redação*. São Paulo: Scipione, 1994.

RODRIGUES, Edvânia Braz Teixeira. *Cultura, arte e contação de histórias*. Goiânia, 2005.

STEEN, Jan. *O Casal Dançando,* 1663. Fonte: National Gallery of Art.

LEITE, E.C.de P. *Professor em ação dramática na Educação Infantil: Uma estratégia de comunicação entre professores e crianças pequenas.* Jundiaí: Paco Editorial, 2015.